Die Traumgruppe

Anleitung zur Traumbearbeitung
in Gruppen

Elmar Bollin und Gert Sauer

Viel Spass beim lesen und Träumen!

Elmar

BUCH HANDELS GES.
WENN AUS WORTEN BÜCHER WERDEN

Über die Autoren:

> Elmar Bollin ist Mitglied Traumgruppe Freiburg

> Gert Sauer ist Analytischer Psychotherapeut, Lehranalytiker, Supervisor des C.G. Jung-Instituts und Moderator der Traumgruppe Freiburg

Verzeichnis der Abbildungen:
- Umschlagseite vorne: Acrylgemälde von Maren Bollin (*ohne Titel*)
- Seite 2: Fotografie von Monika Bollin - *Mondspiegelung*
- Seite 14: Fotografie von Elmar Bollin - *Holzmaserung*
- Seite 25: Fotografie von Armin Krüger (*ohne Titel*)
- Umschlagseite hinten: Fotografie von Elmar Bollin - *Traumfänger von der Insel La Palma*

Besonderer Dank geht an die Fotografen Armin Krüger (Offenburg) und Monika Bollin (Waldkirch), die freundlicherweise ihre Fotografien für die Nutzung in unserem Traumgruppenbuch zur Verfügung gestellt haben. Ganz besonders freuen wir uns über das eindrucksvolle Gemälde von Maren Bollin, das Sie uns für die Umschlagseite zur Verfügung gestellt hat. Wäre dieses Bild nicht schon da gewesen (es hängt in unserem Hause und wir laufen täglich daran vorbei), hätte es meine Tochter Maren Bollin für die Gestaltung unseres Buches erschaffen müssen. Vielen Dank!

Die Autoren Elmar Bollin und Gert Sauer

WENN AUS WORTEN BÜCHER WERDEN

ISBN 978-3-946696-14-8
Erschienen bei der BuchHandelsGesellschaft zu Lübeck,
www.buchhandelsgesellschaft.de

Das Werk ist urheberrechtlich geschützt. Jede Verwertung bedarf der vorherigen Zustimmung des Verlages bzw. der Autoren.

Vorwort

Die Analytische Psychologie C.G. Jungs gibt uns die Möglichkeit, Sinn und Nutzen der Reaktion der Psyche zu verstehen, die wir Träume nennen. Es ist vielfach belegt, dass Träume dem Zusammenwachsen einer bewussten Persönlichkeit mit ihrer Gesamtheit aus Bewusstem und Unbewusstem und damit der psychischen und körperlichen Gesundheit dienen. Offensichtlich ist der Traum hier als eine psychische Instanz am Werk, die zu diesem Zweck sinnliche Eindrücke jeder Art auswählt, die vom Bewusstsein der Träumenden verstanden werden können. Durch die Arbeit an den Träumen können diese Traum-Botschaften im Einzelnen betrachtet und dem Ich-Bewusstsein verständlich gemacht werden.

Dieses Buch entstand aus dem Bedürfnis heraus, eine über Jahrzehnte bewährte Methode der Traumbearbeitung in Gruppen, im Folgenden „Traumgruppe" genannt, zu dokumentieren und deren Arbeitsweise zu beschreiben. In enger Zusammenarbeit haben die beiden Autoren Elmar Bollin als Teilnehmer der Freiburger Traumgruppe und Gert Sauer als Psychoanalytiker, Leiter und Moderator der Freiburger Traumgruppe und „Traumgruppen-Erfinder" versucht, die Sinnhaftigkeit der Beschäftigung mit Träumen und das Methodische bei der Arbeit in Traumgruppen darzustellen.

In Freiburg besteht seit den 1970-er Jahren eine Traumgruppe. Die Freiburger Traumgruppe entstand aus dem Wunsch von Patienten, nach Abschluss von Analyse und Psychotherapie begleitet weiter die Verbindung zu ihrer Psyche zu stabilisieren. Auch die Teilnahme an diversen Traumseminaren weckte das Bedürfnis eine Traumgruppe einzurichten. Heute, nach über 500 Sitzungen in wechselnder Besetzung, begleitet sie noch immer bis zu 15 Träumende bei ihrer Traumbearbeitung und erfreut sich an der Kreativität und Intensität ihres Traumgeschehens.

Dieses Buch soll dazu dienen, Mut zu machen, die eigenen Träume ernst zu nehmen und sie vorurteilslos und frei mit Anderen durchzuarbeiten bis zu dem Punkt, an dem die Träumenden die Weiterarbeit am Traum lieber allein fortführen. So kann es gelingen, auf konstruktive Art Unbewusstes ins Bewusstsein aufzunehmen und in das Alltagshandeln einfließen zu lassen.

Elmar Bollin und Gert Sauer   Freiburg im September 2017

Inhaltsübersicht

Seite

1. Einführung in die Nutzung des Traumgruppenbuches 1

2. Der Vorgang des Träumens 3

3. Die Aufnahme der Träume: Einführung in die Traumarbeit 6
   3.1 Die Traumerinnerung 6
   3.2 Die Kontextaufnahme und die Traumbearbeitung 8
   3.3 Mögliche Einsichten, Entscheidungen und Verhaltens-
       änderungen durch Traumarbeit 11
   3.4 Das Traumtagebuch 12

4 Traumbearbeitung mittels Zugängen zur Traumanalyse 15

5 Das Format „Traumgruppe" 19
   5.4 Welche Intention verfolgt eine Traumgruppe? 19
   5.5 Struktur und Arbeitsweise einer Traumgruppe 20
   5.6 Ablauf einer Traumsitzung 22
       5.3.1 Traumbeschreibung 24
       5.3.2 Gebundenes Assoziieren 26
       5.3.3 Resonanzen des Träumenden 26
       5.3.4 Klärendes Nachfragen 26
       5.3.5 Traumbesprechung mittels Traum-Zugängen 27
       5.3.6 Besprechung möglicher Einsichten, Entscheidungen
            und Veränderungsmöglichkeiten 27

6 Beispiele möglicher Traumanalysen 28
   6.1 Traumbeispiel mit biographischem Zugang 28
   6.2 Traumbeispiel mit subjektstufigem und symbolischen
       Zugängen 31

7 Zusammenfassung und Anregungen zur Initiierung von Traumgruppen 33

   Literaturverzeichnis und Literaturhinweise 34

1 Einführung in die Nutzung des Traumgruppenbuches

Im Traum erlebt sich das träumende Ich in neuen und alten Umgebungen und erfährt sich oder sieht sich umgeben von Bekanntem und Unbekanntem. Manchmal als Beteiligter, wenn die Angst aber größer ist, auch als Außenstehender, vergleichbar einem Betrachter eines Theaterstückes oder einer Fernsehsendung. Der Eingang in das Traumgeschehen ist oft unvermittelt, der Ausgang jedoch ebenso: Aufwachen als Symbol, auch durch den Wecker, gehört immer zum Traum. Hier heißt es: Achtung, du musst dir über etwas bewusst werden! Starke Gefühle und starke Bilder gehören zu den Mitteln, mit denen der unbewusste Teil der Psyche das Bewusstwerden antreiben will. Die Gegenstände, die Umgebungen und die im Traum agierenden Personen sind immer vieldeutig. Ausschließlich die Träumenden können sagen, ob die Deutung für sie zutrifft.

Dieses Buch zur Traumbesprechung in Gruppen ist so aufgebaut, dass zunächst der Vorgang des Träumens, wie es die Autoren verstehen, dargelegt wird. Im Anschluss daran wird eine Methode zur Traumbearbeitung vorgestellt, die sich insbesondere für die Gruppenarbeit eignet. Diese lässt sich jedoch auch in modifizierter Form für die individuelle Traumbearbeitung nutzen. Die Beschreibung der Traumarbeit in Gruppen wird dann durch die Erläuterung des Traumgruppenformates und der Vorgehensweise bei der Arbeit mit Träumen in Gruppen fortgesetzt. Hier handelt es sich um eine Empfehlung der Autoren, da sich diese Methodik über Jahrzehnte bereits bei der Arbeit in der Freiburger Traumgruppe bewährt hat.

Für die Traumanalyse entscheidend sind die Traum-Zugänge: Sie sind die Tore zur Erschließung der Trauminhalte. Hier zeigt sich auch ein enormer Vorteil der Arbeit in Traumgruppen: Die Vielzahl der Teilnehmer ermöglicht erst das Assoziieren der mit dem Traum verbundene Inhalte und Formen. Das freie Formulieren von Ideen zur Traumerschließung hilft beim Zusammensetzen der Traumfragmente und befördert die erfolgreiche Traumanalyse. Nur so kann es gelingen drei Träume in einer zweistündigen Traumgruppen-Sitzung für alle Beteiligten befriedigend durchzusprechen

2   Der Vorgang des Träumens

Seit den Forschungen Sigmund Freuds und C.J. Jungs können wir nicht mehr in die bequeme Haltung verfallen, wie es unser Ichbewusstsein gerne hätte, dass die Träume nichts bedeuten. Es gibt hierzu unterdessen eine Fülle von weiteren wissenschaftlichen Untersuchungen. Sie alle lassen sich nach zwei großen Richtungen aufteilen:

- Negative Bewertung bis hin zum Ausschluss der Sinnhaftigkeit der Träume.

- Positive Bewertung der Träume und Einbeziehung der Träume in den therapeutischen Prozess als Träger von Heilungsfaktoren.

Die Sinnhaftigkeit des Träumens wurde in letzter Zeit vor allem durch die Arbeiten des Schlafforschers Allen Hobson in Frage gestellt. Demnach sendet das primitive Stammhirn nachts, weil es nicht zur Ruhe kommt, irgendwelche Impulse aus, die im Stammhirn in zufällige Bilder übersetzt werden. Nach Hobson sind diese Bilder bedeutungslos, nicht wert damit seine Zeit zu verschwenden. Inzwischen wird jedoch Allen Hobsons Theorie auch von Hirnforschern widerlegt, die herausgefunden haben, dass die messbaren Hirnströme beim Träumen nicht im Stammhirn ausgelöst werden, sondern aus einer Region des Hirns stammen, die auch im Alltag an bewussten Vorgängen beteiligt sind. So erbrachte die empirische Hirnforschung unterdessen den Nachweis, dass ein beständiger Austausch zwischen Bewusstem und Unbewusstem stattfindet, sogar, dass die meisten Entscheidungen, bevor sie ins Bewusstsein dringen, in verschiedenen Gehirnzentren vorgeformt werden.

Bezüglich der positiven Bewertung von Träumen und deren Einbeziehung in therapeutische Prozesse lässt sich feststellen, dass sie ebenfalls auf langjährigen empirischen Forschungen und Erfahrungen basiert. Die in diesem Buch vorgestellte Methode der Traumbearbeitung in Traumgruppen ist geprägt von der Analytische Psychologie C.G. Jungs und Marie Luise von Franz´. Ein herausragendes Ergebnis der Arbeit C.G. Jungs ist, dass es offensichtlich in der unbewussten Psyche des Menschen ein Energiezentrum gibt, aus dem heraus die Träume, aber auch die so genannte „Aktive Imaginationen" geformt werden. Dieses Zentrum sucht die Symbolsprache, die den Träumerinnen und Träumern zugänglich und verständlich ist, um auf Lebenskrisen, aber auch Entwicklungsfortschritte hinzuweisen und entwickelt sogar Lösungsoptionen. Offensichtlich ist hier eine Form von unbewusster Intelligenz am Werk, die über die Kooperation des bewussten Ich mit den unbewussten Ressourcen den Entwicklungsprozess der Persönlichkeit sowie ihre Heilung steuert. Ein schönes öffentlich zugängliches Beispiel bietet die Symbolsprache der Träume des Physikers Wolfgang Pauli.

1. Traumbeispiel: Das Wasserstoffatom

> „Mein erster Physiklehrer (A. Sommerfeld) erscheint mir und sagt: `Die Änderung der Aufspaltung des Grundzustandes des Wasserstoffatoms ist fundamental. In einer Metallplatte sind eherne Töne eingraviert.` Dann fahre ich nach Göttingen."

C.G. Jung kommentiert diesen Traum in einem Brief wie folgt: „Sie träumen physikalisch, weil dies Ihre natürliche Sprache ist, nach dem Grundsatz: Canis panem somniat, piscator pisces." Dieses lateinische Zitat: „Canis panem somniat, piscator pisces" oder auf Deutsch: „Ein Hund träumt vom Brot, ein Fischer von Fischen" macht uns zudem darauf aufmerksam, dass sich der Mensch in allen Kulturen seit der ältesten Zeit mit der Frage nach dem Sinn der Träume beschäftigt. Es besteht ein beständiger Austausch zwischen dem Bewussten und dem Unbewussten einer Persönlichkeit.

Die Nichtbeachtung der Träume hat dabei möglicherweise zwei besonders wichtige Gründe, die auch schon von der Gründergeneration der Tiefenpsychologie erkannt wurden:
- Das Ich-Bewusstsein wird aus dem Unbewussten geboren wie das Kind aus der Mutter. Je nach Lebensumständen lässt sich ein ambivalenter Umgang des Ichs mit dem Unbewussten erkennen. Grundsätzlich hat das Ichbewusstsein dagegen zu kämpfen, wieder in den unbewussten Mutterschoß zurückzufallen. Sind aber widrige Lebensumstände vorhanden und ist das Ich schwach, besteht die entgegengesetzte Tendenz, sich wieder in den Schoß des urtümlichen Paradieses zu begeben und wieder unbewusst zu werden. Ein Beispiel dafür ist der Gebrauch von Rauschmitteln. Abgesehen davon: Jede Nacht muss sich das Ichbewusstsein im Unbewussten ausruhen.
- Der zweite Grund geht daraus hervor. Das Ichbewusstsein hat eine Tendenz, sich zum Herrn im eigenen Seelenhaus zu erklären. Sigmund Freuds weise Formulierung, dass die letzte große Kränkung der Menschheit darin bestehe, dass sie erfahren habe, nicht einmal Herr im eigenen Lebenshaus zu sein, ist hier beheimatet. Bei manchen Schlafstörungen möchten die Schläfer und Schläferinnen vermeiden, den Widerspruch aus dem Inneren der eigenen Seele zu hören. Freud selbst

wird allerdings dieser Botschaft untreu. Sein Satz „Wo ES war muss ICH werden" zeigt, dass es ihm nicht um die Kooperation zwischen Bewusstem und Unbewusstem geht, sondern um die erweiterte Vorherrschaft des Ich.

Marie Luise von Franz, eine der wichtigsten unmittelbaren Schülerinnen von C.G. Jung, bezieht sich auf die Einsichten C.G. Jungs, die hier im Gegensatz zu Sigmund Freud stehen. Jung erforschte die Tatsache, dass die Träume essentiell Schöpferisches aus dem unbewussten Seelengrund hervorbringen. Daran anschließend gliedert Marie Luise von Franz in /1/ sinngemäß ihre Erfahrung mit Träumen in vier Punkten:

- Der Traum stellt eine unbewusste Reaktion auf eine bewusste Situation dar.

- Er stellt eine Situation dar, die aus einem Konflikt zwischen Bewusstsein und Unbewusstem entstanden ist.

- Er stellt eine Tendenz des Unbewussten dar, welche auf eine Veränderung der bewussten Einstellung abzielt.

- Er stellt unbewusste Prozesse dar, welche keine Beziehung zum Bewusstsein erkennen lassen.

Die Aufnahme der Sinneseindrücke wie sehen, hören, riechen und fühlen im Traum lässt sich verstehen als die Abbildung des Erlebten in bildhafter, sinnlicher Form auf einer Membran oder einem Monitor. Je nach Persönlichkeit verwendet das Unbewusste visuelle, akustische, sensitive oder olfaktorische Elemente. Meist überwiegen die visuellen und akustischen Elemente. Bei den visuellen Träumen gibt es dann noch den Unterschied zwischen schwarz-weißen und vielfarbigen Träumen.

Je nach Konstellation des Ich-Bewusstseins der Träumenden kann sich im Traum eher aktives oder passives Verhalten zeigen. So zeigt die Erfahrung mit Träumenden, deren Ich zu schwach ist: Sie träumen, dass sie Fernsehen, ins Kino oder ins Theater gehen oder dabei einfach nur zuschauen.

3 Die Aufnahme der Träume: Einführung in die Traumarbeit

Marie Luise von Franz kommt, ähnlich wie C.G. Jung, auf Grund ihrer Forschungen und Therapien, zu dem Ergebnis, dass die Aufnahme der Träume am besten geschieht, wenn nach der Traumerinnerung eine Kontextaufnahme und abschließend die Traumbearbeitung nach unterschiedlichen Zugängen erfolgt. Dies mündet dann in eine beständige Kooperation zwischen Bewusstem und Unbewusstem.

Im Folgenden wird auf verschiedenen Stufen der Traumbearbeitung näher eingegangen:
- Traumerinnerung.
- Kontextaufnahme und die Traumbearbeitung.
- Mögliche Einsichten, Entscheidungen und Verhaltensänderungen durch Traumarbeit.

3.1 Die Traumerinnerung

Die Traumerinnerung ist leider nicht selbstverständlich. Wir wissen aber, dass wir bei geregeltem Schlaf bis zu sieben Mal in der Nacht träumen. Dabei treten die Träume in der Leichtschlafphase ins Bewusstsein. Die moderne Hirnforschung erbrachte jedoch auch Beweise, dass die Tätigkeit des Gehirns auch in den Tiefschlafphasen aktiv ist. Viele Menschen meinen, dass sie nicht träumen. Dieses ist falsch! Sie erinnern sich nicht an ihre Träume.

Für das Nichterinnern gibt es dabei vielfältige Gründe:

- Der Anspruch des Ichbewusstseins Herr im eigenen Haus zu sein. Widersprüchliches, Peinliches und Ängstigendes wird nicht geduldet. Besonders die Schattenseiten der eigenen Persönlichkeit werden ausgeblendet.
- Stress und überwiegende Extraversion: Die Betroffenen haben morgens beim Aufwachen keine Zeit, sich auf sich selbst zu besinnen. Der Aufgaben- und Pflichtenkatalog des Tages steht direkt vor ihnen.
- Eine allgemeine Unachtsamkeit auf die eigene Natur, von Psyche ganz zu schweigen. Gefühle, Emotionen, Schmerzen, Kummer, Sorgen werden als unwichtig abgetan.

- Das Gefangensein in einer Ideologie: Hier wird zum Beispiel die Traumsymbolik Sterbender mit tröstlichem Charakter zu einem chemischen Produkt des Gehirns erklärt, um das Sterben leichter zu machen. Womit nicht gesagt werden soll, dass dem nicht so sei. Die andere Erklärung, dass das Bewusstsein der Sterbenden einen sinnvollen Weg aufzeigt, kann ebenso wenig widerlegt werden.
- Und schließlich die Verdrängung angstbesetzter, traumatischer Erlebnisse, die in den mit dem Unbewussten verbundenen Träumen nachwirken.

Zum Training der Traumerinnerung gehört es, ein Interesse an der Gesamtheit der eigenen Persönlichkeit und Psyche zu entwickeln. Ebenso braucht es Übung im Aufschreiben von Träumen, damit die unbewussten Prozesse eine erste, dem Bewusstsein sichtbare Gestalt bekommen. Ganz exakt wird die Darstellung niemals sein, aber der Hauptkern wird fast immer sichtbar. Manchmal reichen auch Traumfragmente und einzelne Traumbilder für die Traumarbeit aus. Hier gilt jedoch abschließend der Satz: Das Schlafbedürfnis geht vor! Will heißen, nur wegen einer Traumaufzeichnung sollte der natürliche Schlaf und das Schlafbedürfnis nicht gestört werden. Wenn es beim einen Mal nicht klappt mit der Erinnerung, dann bestimmt beim nächsten Mal!

Hilfreich für die Traumerinnerung und die Traumerschließung kann auch ein kreativer Prozess sein, in dem die Trauminhalte vom Träumer gestaltet werden. So kann aus einem Traum ein Gedicht verfasst werden oder ein Bild oder eine Strickarbeit, eine Weberei, eine Pantomime oder ein Tanz oder ein Musikstück entstehen. Je nachdem, wo die kreativen Fähigkeiten des Träumers oder der Träumerin liegen.

Voraussetzung für eine fruchtbare Traumarbeit ist allerdings, dass sich das Bewusstsein nicht selbst betrügen will und den Traum verfälscht. Verfälschte Träume werden dadurch erkenntlich, dass sie zu schön und zu glatt sind und vor allem dem Bewusstsein nichts Störendes sagen. Hier gilt die alte Regel aus der Literaturwissenschaft: „Die dem Bewusstsein schwierigere Lesart ist die wahrscheinlichere!"

3.2 Die Kontextaufnahme und die Traumbearbeitung

Zur Arbeit mit dem Traum gehört nach der Erinnerung des Traumes das vorurteilslose Betrachten des Kontextes, was beispielsweise am Vortag des Traumes ablief, vom Aufwachen bis zum Einschlafen. Ebenso gehört die Arbeit an der Struktur und den Symbolen des Traumes dazu.

Nach der Tradition der Analytischen Psychologie ist zu berücksichtigen, dass der Traum meistens aus folgenden Bestandteilen besteht:

- <u>Die Exposition mit den handelnden Personen</u>: Wie in den Märchen ist es wichtig, wo und wie und mit wem der Traum beginnt. Die handelnden Personen zeigen bereits Elemente eines Problems.

- <u>Das Problem und seine Darstellung</u>: Das Problem hat eine bestimmte Struktur und illustriert die gegenwärtige Psychodynamik der psychischen Komplexe. Diese werden verstanden als Strukturformen der Psyche.

- <u>Die Krise</u>: Sie stellt dar, warum und wozu es innere Konflikte gibt angesichts innerer oder äußerer Schwierigkeiten. Die Krise stellt dabei die Entwicklung des Problems dar bis zu dem Punkt, an dem eine konstruktive oder destruktive Entwicklung der Situation sichtbar wird.

- <u>Die Lysis oder das Traumende</u>: Aus dem Schatz allgemein menschlicher Erfahrung mit der Welt schlägt das Unbewusste eine Lösung vor, wie mit dem Problem umgegangen werden könnte.

(<u>Hinweis</u>: Im Folgenden werden Träume verwendet, die Träumer den Autoren zur Verfügung gestellt haben und es erlauben, diese wissenschaftlich zu verwenden.)

Eine Träumerin nannte ihre Träume lange Zeit Traumfragmente. Zum Zeitpunkt des Traumes klagte die Träumerin u.a. über schwere Magenschmerzen und auch Schwindelgefühlen ohne jeden körperlichen Befund. Eines der ersten sogenannten Fragmente lautete:

2. Traumbeispiel: Die Rebellion

„Bei einem Vortrag oder Kurs höre ich dem Referenten zu. Ich bin aber innerlich voller Rebellion und Widerspruchsgeist."

Anhand dieses Traumbeispiels sollen nun kurz und beispielhaft die vier wesentlichen Trambestandteile herausgearbeitet werden:

- Die Exposition mit den handelnden Personen:
- < Bei einem Vortrag oder Kurs ...>. Es ist eine Situation, in der die Träumerin zu lernen hofft. Sie begibt sich als erwachsene Frau und ausgebildete Lehrerin in die Situation zu lernen. Als handelnde Personen treten der Vortragende und die Träumerin auf.
- Das Problem und seine Darstellung:
- Das Problem zeigt sich in dem Wort < aber >. Die Träumerin ist mit dem, was der Referent sagt, nicht einverstanden. Sie fühlt Rebellion und Widerspruchsgeist.
- Die Krise:
- In diesem Traum wird sie nicht besonders formuliert. Sie liegt in der Tatsache, dass die Träumerin ihren Widerspruch nicht äußern kann. Der Prozess stockt.
- Die Lysis:
- Es wird hier im Traum keine Lösung angeboten. Das I Ging, das chinesische Buch der Wandlungen, würde hier das Zeichen „die Stockung" als Antwort auf die Frage setzen. In dieser Stockung ließe sich dann auch die Stauung der psychischen Energien vermuten, die zu den Magenschmerzen und dem Schwindel führten. In der Tat traten die Magenschmerzen regelmäßig dann auf, wenn die Träumerin eine Entscheidung treffen sollte und nicht konnte.

Für die weitere Traumbesprechung kommt nun das symbolische und realistische Verständnis des Traummaterials hinzu. Hierzu ist es wichtig sich daran zu erinnern, dass die Träume eine Sprache, Bilder und Symbole benützen, die dem Träumer oder der Träumerin verständlich ist. So kommt es, dass die Träume wie eine Signatur des Träumers daherkommen, die ihn charakterisieren und die ganz auf den Träumer selbst gemünzt sind.

Das soll nicht darüber hinwegtäuschen, dass alle Träumer durch ihre kollektiven Erfahrungen, dem Leben in den jeweiligen Kulturen, durch Archetypen verbunden sind, die sich in den Träumen zeigen und so auf die gemeinsamen kulturellen Wurzeln der Träumer referieren. So entsteht ein Paradoxon: Der Traum ist eigentlich exakt auf den Träumenden „gemünzt", dieser kann ihn jedoch bewusst nicht nachvollziehen und verstehen. Erst die Sicht eines Anderen auf den Traum, zum Beispiel in einer Traumgruppe ermöglicht die Erweiterung des Bewußtseins des Träumenden und macht dem Träumenden die individuelle Bedeutung der Trauminhalte verständlich.

Zum Umgang mit Träumen gehört auch ein Wissen um die verschiedenen Arten, Träume zu verstehen. Das darf nicht verwechselt werden mit der Natur der Träume. Die verändert sich nicht. Aber es gibt verschiedene Zugänge Träume zu betrachten, die in kreativer Weise zum Erfassen ihres Sinnes führen. Dabei können auch mehrere Zugänge für die Arbeit am Traum genutzt werden.

Diese Zugänge seien hier kurz aufgeführt:

- <u>Subjektstufiger Zugang</u>:
- Wofür stehen die dargestellten Personen und Gegenstände in der Psyche des Träumers.
- <u>Objektstufiger Zugang</u>:
- Nimmt Bezug zur realen Umwelt des Träumers.
- <u>Kompensatorischer Zugang</u>:
- Nimmt Bezug zur ausgleichenden Wirkung des Traumes.
- <u>Finaler Zugang</u>:
- Vom Ende her gedacht.
- <u>Kausaler Zugang</u>:
- Konkrete Ursachen aus der Umwelt des Träumers einbeziehend.
- <u>Biographischer Zugang</u>:
- Biographische Aspekte des Träumers einbeziehend.
- <u>Symbolischer Zugang</u>:
- Die Bedeutung der Symbole für Träumer deutend.
- <u>Komplexstufiger Zugang</u>:
- Die Exposition der Komplexe des Träumers einbeziehend.

Diese Zugänge sind an dieser Stelle nur kurz aufgeführt, werden aber in Kapitel 4 „Traumbearbeitung mittels Zugängen zur Traumanalyse" ausführlich erläutert.

3.3 Mögliche Einsichten, Entscheidungen und Verhaltensänderungen durch die Traumarbeit

Im weiteren Verlauf der Traumbearbeitung folgen nun die rationalen und emotionalen Einsichten der Träumer und Träumerinnen. Hier ist es entscheidend sich zu verdeutlichen, was der Träumer oder die Träumerin aus der vorangegangenen Traumarbeit vom Traum verstanden hat. Dabei ist es unzureichend, sich nur auf die rationale und intellektuelle Seite zu beschränken. Die emotionale Stellungnahme gehört ebenso zum Traumgeschehen dazu. Im zweiten Traumbeispiel erkannte die Träumerin bald ihren Autoritätskomplex: Sie konnte wider besseres Wissen echten oder angeblichen Autoritäten nicht widersprechen.

Im weiteren Gang der Traumbesprechung folgt nun die ethische Entscheidung. Gemeint ist hier eine Entscheidung, die die Botschaft des Traumes im Rahmen der Gesamtpersönlichkeit als wichtigen oder abzulehnenden Standpunkt erfasst. Einfach ausgedrückt: Kann der Träumende zum Vorschlag des Unbewussten Ja oder Nein sagen. Im vorliegenden Traumbeispiel ist es die Entscheidung, sich trotz grauenvoller Ängste mit ihrer Meinung öffentlich zu zeigen und Autoritäten zu widersprechen oder eben alles so zu belassen wie es ist.

Der Umgang mit Träumen wird oft als eine Art „Museumsbesucherei" betrieben. Dabei meinen viele, dass sie den Träumen Genüge getan haben, wenn sie die symbolischen oder intellektuellen Perspektiven der Träume erfasst haben. Träume sind aber nicht nur Wege der Selbsterkenntnis. Sie sind auch Wege der Transformation des eigenen Lebens. Da Neurosen aus der Verhinderung der Entfaltung der eigenen Persönlichkeit entstehen, will die Arbeit mit den Träumen diese Blockaden aufheben und Kräfte der Selbstentfaltung freisetzen. Die Folgen davon zeigen sich beispielsweise oft im Verschwinden alter Freundschaften und, nach einer Zeit der Einsamkeit, im Erscheinen neuer Freundschaften.

Und schließlich führt die Arbeit mit den eigenen Träumen zum schwersten Schritt, wenn zum Vorschlag des Unbewussten mit einem ja geantwortet wurde: Dem Einüben und Erproben neuer Verhaltensweisen. Hier gilt es nun den Komplexen, die uns dann wie eingefahrene Gleise vorkommen, Widerstand zu leisten. Es ist auch der Ort, wo ein Stück Freiheit erlebt werden kann. Bislang unmögliches Verhalten wird möglich. Deshalb signalisieren die Träume hier immer wieder auch einen Durchbruch. Es ist auch davon auszugehen, dass einmal bearbeitete Traumkrisen so in den Träumen nicht mehr oder in veränderter Form wieder auftauchen. Die Traumkrise wurde vom Träumer angenommen und bearbeitet.

Hier sei das Beispiel einer Träumerin angeführt die sich künstlerisch und handwerklich mit Filz beschäftigte und auf diese Weise mit einem wärmenden Mutterkomplex in Berührung kam. Über die Herstellung des Filzes konnte sie ihre verschüttete Körpererfahrung neue erleben. Sie musste den im Krieg gefallenen Vater ersetzen und fand über die Begegnung mit der Wolle als mütterlichem Element in ihre Weiblichkeit hinein.

Ist dieser letzte Schritt der Traumarbeit geschafft, steht vor uns kein neuer Mensch, wohl aber ein Mensch, der sich seiner Fähigkeiten und Unfähigkeiten sowie seiner Wirkung auf die Umgebung bewusster ist. Manchmal verändert sich sogar der Körper: Was sich früher zu erdfern, intellektuell und abgehoben auch in der Erscheinung ausdrückte, wird langsam erdnaher, breiter, wärmer. Bei Männern wird dann oft auch die Persona, also das äußere Aussehen, gewechselt. Wenn sie sich vorher scheuten, ihre Männlichkeit zu zeigen, lassen sie sich jetzt beispielsweise einen Bart stehen. Auch Frauen betonen dann mehr ihre weiblichen Attribute. Eine Malerin fand durch die Traumarbeit zu ihrer Intuition über das Weben. Früher malte sie gegenständlich, atmosphärisch. Jetzt webte sie intuitiv und bildete ihre Träume ab.

3.4 Das Traumtagebuch

Es ist hilfreich für die Arbeit mit Träumen, wenn das Erinnern der Träume vom Träumenden unterstützt wird. Das geschieht am einfachsten, indem der Träumende in der Nähe seiner Schlafstätte ein Traumtagebuch mit Schreibstift zur Verfügung hat. Hiermit lässt sich unmittelbar nach dem Aufwachen aus einem Traumgeschehen dieses mit Wort und Bild festhalten.

Das ist nicht immer einfach, zumal wenn man noch im Halbschlaf ist und erfordert zu Beginn etwas Disziplin. Aber jeder Träumende weiß, wie schnell Träume verfliegen und es bleibt vielleicht am Ende des Erwachens nur noch ein flaues oder unbestimmtes Gefühl, das in der Regel durch das Bewusstwerden und die Aufnahme des Alltagsgeschehens schnell durch andere Ereignisse verdrängt wird.

Durch einen schnellen Zugriff zum Traumtagebuch und meist auch noch schlaftrunken mit undeutlicher Schrift kann man dennoch im Halbschlaf die Assoziationsketten aufzeichnen und Traumabläufe oder Traumfragmente reaktivieren und im Tagebuch beschreiben. Wichtig dabei ist, dass das Gefühl, das einen im Traum gerade umfing, noch da ist. Ebenso von Bedeutung ist das Traum-Ende: Hier sollte das Ende genau vermerkt werden: Wie bin ich aufgewacht? Welches Bild, welches Gefühl stand am Ende da?

Manche Träume sind nach dem Aufwachen so klar und differenziert, dass es kaum schwer fällt sie zu erinnern und fest zu halten. Viele Träumende tragen bei der Traumbesprechung ihre Träume auch frei vor ohne Notizen, denn sie haben die Traumereignisse sehr präsent in der Erinnerung. In der Regel wird jedoch die Traumaufzeichnung aus dem Tagebuch bei der Traumbesprechung vorgetragen. Das kann sehr kurz sein: Ein Bild, ein Ereignis oder aber mehrere Traumsequenzen einer Nacht. Interessanterweise sind die noch so kurzen Träume in der Besprechung genauso anspruchsvoll wie die langen.

Hierzu ein Hinweis zum Umgang mit Traumsequenzen: Damit ist gemeint, wenn in einer Nacht mehrere Träume hintereinander, nur getrennt durch kurzes Aufwachen, auftreten. Hier sollten alle Traumsequenzen vom Träumenden auf einmal vorgetragen werden. Bei der anschließenden Besprechung werden auch alle Traumsequenzen einer Nacht in die Analyse mit einbezogen.

Halten Sie sich im Traumtagebuch auch Platz frei für die Kontextaufnahme: Welcher Tag mit Datum war vor dem Traum? Gab es dort besondere Ereignisse oder Vorkommnisse?

Im Traumtagebuch sollte nach der Traumbeschreibung jeweils Platz frei sein für die Aufzeichnung von Assoziationen während der späteren Traumbesprechung und für die Festlegung des Traumfokus: Was irritiert mich an diesem Traum besonders, wo liegt die Traumkrise?

Wenn es Einsichten gibt und sich mögliche Verhaltensänderungsvorschläge aus diesem Traum ergeben, können die ebenso im Traumtagebuch festgehalten werden.

Das Traumtagebuch ist so zu sagen der alltägliche Begleiter bei den Begegnungen von Unbewusstem und Bewusstem mittels Traumgeschehen und dokumentiert so den Entwicklungsprozess eines Individuums.

4   Traumbearbeitung mittels Zugängen zur Traumanalyse

Zum Umgang mit Träumen gehört auch ein Wissen um die verschiedenen Arten, Träume zu verstehen. Das darf nicht verwechselt werden mit der Natur der Träume. Diese verändert sich nicht. Aber es gibt verschiedene Zugänge, Träume zu betrachten, die in kreativer Weise zum Erfassen ihres Sinnes führen. An Stelle des Zugangs kann hier auch das Bild des „Eingangstores zum Land der Träume" genutzt werden.

Zu Beginn der Phase „Traumbesprechung mittels Traum-Zugängen" frägt der Moderator beispielsweise: „Durch welches Tor wollen wir diesen Traum betrachten, nach welchem Schlüssel wollen wir bei der Traumanalyse vorgehen?" Hier gibt es eine Vielzahl von Möglichkeiten. Die Auswahl erfolgt im Konsens mit der Gruppe passend zum vorgetragen Traum.

Im Folgenden werden die möglichen Traum-Zugänge oder Tore benannt und kurz charakterisiert. Dazu werden auch jeweils Einstieg-Impulsfragen beispielhaft benannt.

Zunächst wird nochmals das 2. Traumbeispiel aus Kapitel 3 aufgeführt, um darauf Bezug zu nehmen.

2. Traumbeispiel: Die Rebellion

> „Bei einem Vortrag oder Kurs höre ich dem Referenten zu. Ich bin aber innerlich voller Rebellion und Widerspruchsgeist."

Subjektstufiger Zugang:

Hier wird der Traum als ein psychisches Geschehen betrachtet, bei dem alles inklusive der Landschaft ein Teil der Persönlichkeit ist.

Am Beispiel: Subjektstufig gesehen bedeutet der Vortragstraum, dass ein väterlicher Autoritätskomplex der Träumerin sagen will, was wichtig ist. Der weibliche Ichkomplex weiss es anders oder besser, aber traut sich nicht zu widersprechen.

→ Impulsfrage für den Einstieg: Wofür stehen das Traumgeschehen und die Traumsubjekte in der Psyche des Träumenden?

Objektstufiger Zugang:

Hier wird der Traum als ein Bild betrachtet, bei dem Aussagen über die reale Umwelt des Träumers gemacht werden, die dem Bewusstsein entgangen sind oder unbewusst sind.

Am Beispiel: Der gleiche Traum objektstufig betrachtet, zeigt der Träumerin, wie sie sich in Ausbildung und Schule verhält. Nämlich passiv, obgleich sie es besser weiß.

→ Impulsfrage für den Einstieg: Hat der Traum einen realen Hintergrund? Stimmen die Personen und Orte mit realen Ereignissen überein?

Kompensatorischer Zugang:

Kompensatorisch bedeutet, dass das Unbewusste eine Wahrnehmung des Ichbewusstseins aufgrund seiner Wahrnehmung ergänzt.

An dieser Stelle soll daraufhin gewiesen werden, dass die Vorstellung unseres Ichbewusstseins, allein wahrzunehmen, falsch ist. Andere Elemente unserer Psyche nehmen genauso wahr und äußern sich dann in manchen Träumen darüber. Hierbei wird deutlich, wie die Aufnahme des Unbewussten in unsere Vorstellung das Welt- und Menschenbild verändert

Am Beispiel: Die Träumerin war der Meinung, dass sie sich doch unheimlich anstrengte, um alles recht zu machen. Das Unbewusste signalisierte ihr jedoch, dass sie ihr Bestes, die eigene Meinung, nicht gegeben hat.

→ Impulsfrage zum Einstieg: Womit versucht der Träumende im Traum reales Verhalten zu überdecken, zu kompensieren?

Finaler Zugang:

Das Unbewusste drückt am Ende des Traumes mit der Lösung (Lysis) oder Nichtlösung aus, was die unbewusste Seite für dieses Problem augenblicklich an Vorschlägen im Repertoire hat. Fehlt die Lysis im Traum, gibt es vom Unbewussten augenblicklich keine Aussage dazu.

Am Beispiel: Das Traumbeispiel zeigt, dass die Finalität im Aufforderungscharakter der stockenden Situation liegt.

→ Impulsfrage zum Einstieg: Wie endet der Traum? Welchen Weg zeigt das Traumende dem Träumenden auf?

Kausaler Zugang:

Diese Art des Zuganges befragt den Traum nach seinen aktuellen oder gesellschaftlichen Ursachen.

Am Beispiel: Das Traumbeispiel benennt das Schweigen der Patientin als Ursache ihres Leidens.

→ Impulsfrage zum Einstieg: Welche gesellschaftlichen Ursachen für das Traumgeschehen werden mit diesem Traum angesprochen?

Biographischer Zugang:

Dieser Zugang erfasst den Traum als Ausdruck der Biographie der Träumerin oder des Träumers.

Am Beispiel: Das Traumbeispiel führte bald zu dem Vater der Patientin, der eigentlich lieber einen Sohn gehabt hätte. Die Tochter reagierte damit, dass sie wie ein Junge alle handwerklichen Forderungen des Vaters erfüllte.

→ Impulsfrage zum Einstieg: Welche Bezüge hat der Traum zur Biographie des Träumenden? Haben Zahlenwerte in Traum Bezug zu biographischen Daten des Träumenden?

Symbolischer Zugang:

Die symbolische Deutung geht von der Erfahrung C.G. Jungs aus, dass Symbole in unserer Psyche immer vieldeutig sind. Ganz besonders interessiert hier die Frage, welche Bedeutung die Symbole für den Träumer oder die Träumerin haben.

Am Beispiel: Es erstaunt nicht, dass das Unbewusste für eine Lehrerin das Lehren und Lernen als Symbole verwendet. Damit wird der Lehrer-Schüler-Archetyp als kennzeichnend für die Struktur der Träumerin angesprochen und das Lernpensum benannt: Sie musste sich bewusst machen, dass sie beides ist, Lehrerin und Schülerin.

→ Impulsfrage zum Einstieg: Welche Symbole sind im Traum vorhanden? Was verbindet der Träumende und was verbindet die Gruppe mit diesem oder jenem Symbol?

Komplexstufiger Zugang:

In den Träumen sprechen und agieren die verschiedenen psychischen Komplexe. Wenn das Ich im Traum erscheint, wird es ebenfalls als psychischer Komplex (Ich-Komplex) sichtbar. Meist beginnt ja eine Traumbeschreibung wie folgt: „Ich komme in ein ....." oder „Ich habe eine...". Dieses Ich ist hier mit Ich-Komplex gemeint und wird im Traum wie in einer

Märchenerzählung bestimmten Ereignissen, Begegnungen und Prüfungen ausgesetzt.

Am Beispiel: Die Träumerin ist in einer Schülerin-Situation als Zuhörende bei einem Seminar. In ihr brodelt der Widerspruchsgeist. Die Beziehung zum Referenten des Seminars könnte den Vaterkomplex der Träumerin ansprechen.

→ Impulsfrage zum Einstieg: Wie ist der Ich-Komplex in diesem Traum konstelliert? In welche Handlungen ist das Ich eingebunden? Welche anderen psychischen Komplexe werden im Traum angesprochen? Wie äußern sich diese psychischen Komplexe?

Für das gewählte Traumbeispiel wäre der finale Zugang für die Traumbearbeitung durch die Träumerin am ehesten geeignet: Es gibt keine Lösung. Dies kann als Stockung gedeutet werden. In dieser Stockung ließe sich dann auch die Stauung der psychischen Energien vermuten, die zu den Magenschmerzen und dem Schwindel führten. In der Tat traten die Magenschmerzen regelmäßig dann auf, wenn die Träumerin eine Entscheidung treffen sollte und nicht konnte

5 Das Format „Traumgruppe"

In diesem Kapitel wird auf die Intention, die Zusammensetzung, die Organisation und den Ablauf von Traumgruppensitzungen eingegangen. Dazu dient die Freiburger Traumgruppe als Vorlage. Die hier beschriebene Vorgehensweise bei den Traumgruppen treffen hat sich in jahrzehnter langer Praxis bestens bewährt!

5.1 Welche Intention verfolgt eine Traumgruppe?

Eine Traumgruppe hat zum Ziel, die Verbindung des Ichbewusstseins mit den übrigen Teilen der Psyche zu stabilisieren und diesem Ichbewusstsein weitere unbewusste Ressourcen zugänglich zu machen. Sie ersetzt keine Psychotherapie, kann aber psychische Gesundheit im Alltag so pflegen wie das Zähneputzen die Gesundheit der Zähne.

Eine Traumgruppe ist ein Ort, an dem Traumerinnerungen im Zentrum stehen. Durch das gemeinsame Assoziieren und Analysieren von Träumen lernen sich die Träumer in ihren jeweiligen Lebensphasen kennen. Die Traumbesprechung gibt den Teilnehmern der Traumgruppe so die Möglichkeit, Menschen in anderen Lebensphasen und Lebensbedingungen über die Traumarbeit kennenzulernen und sich dazu auszutauschen. Das ist nicht immer nur eine ernste Angelegenheit. Gerade wenn Humor mit ins Spiel kommt, gelingt es zum eigenen Erleben Abstand zu gewinnen und so zu neuen Einsichten zu kommen.

Eine Traumgruppe will nicht Ersatz für therapeutisches Arbeiten sein und kann dieses nicht ersetzen. Die Arbeit mit den Träumen soll Anregungen für das Verstehen der eigenen Lebenswelt geben und auch Verhaltensänderungen ermöglichen. Es ist Aufgabe des Moderators den Rahmen der Traumgruppe zu gestalten und die Grenzen des gemeinsamen Arbeitens an den Träumen aufzuzeigen. In der Regel ist er es, der die jeweilige Traumbesprechung zu einem Ende führt und im Einverständnis mit der Gruppe zum nächsten Traum überleitet bzw. die Traumsitzung beschließt.

5.2 Struktur und Arbeitsweise von Traumgruppen

Im Folgenden wird dargestellt, welche Form und Zusammensetzung eine Traumgruppe aufweist und wie die Abläufe bei den Sitzungen der Traumgruppe zur Traumbesprechung sinnvoll gestaltet werden können. Diese Format-Vorlage basiert auf den Erfahrungen der Freiburger Traumgruppe, die nun über 30 Jahre besteht und über 500 Sitzungen in unterschiedlichen Zusammensetzungen erfolgreich absolviert hat. Dabei wurden die Teilnehmer der Traumgruppe, also die Träumer und Träumerinnen, vom Moderator zuvor sorgfältig ausgewählt und zu einer verbindlichen Teilnahme angehalten. Die Idee dieses Buches ist es, dass sich interessierte Träumer in ähnlicher Konstellation an anderen Orten zusammenfinden und von den Erfahrungen der Freiburger Traumgruppe profitieren können.

Zunächst soll auf die formalen Aspekte und die Rollenverteilung der Traumgruppe eingegangen werden. Im Anschluss daran wird der empfohlene Ablauf einer Traumgruppensitzung dargestellt.

Zeitlicher Rahmen

Die Traumgruppe trifft sich in regelmäßigen Abständen, zum Beispiel einmal im Monat. Die Sitzungen werden für ein ganzes Jahr im Voraus festgelegt. Für die jeweiligen Sitzungen der Traumgruppe sind zwei Stunden angesetzt. In diesem zeitlichen Rahmen lassen sich drei bis vier (eher drei) Träume besprechen. Der zeitliche Rahmen der Traumgruppe sollte möglichst genau eingehalten werden.

Gruppenzusammensetzung

Die Traumgruppe besteht aus den Träumenden und einem Moderator. Idealerweise sollte die Gruppe nicht zu groß sein, um jedem Teilnehmer der Traumgruppe auch zu ermöglichen, mindestens ein- oder zweimal im Jahr seine Träume vorzutragen. Sie sollte auch nicht zu klein sein, da für diese Art der Traumarbeit, das gebundenes Assoziieren, eine Mindestgröße von sieben bis acht Teilnehmern erforderlich macht. Die ideale Gruppengröße beträgt 14 Personen („Träumende") plus Moderator.

Rolle der teilnehmenden „Träumenden"

Ein Träumer oder eine Träumerin bringt einen Traum in die Traumgruppensitzung ein. Dazu meldet er/sie zu Beginn der Sitzung an, dass er/sie heute einen Traum besprechen möchte. Der Träumende kann seinen Traum frei vortragen oder seine Notizen aus dem Traumtagebuch vorlesen.

Möglich ist auch, dass der Träumende ein Bild oder einen gestalteten Gegenstand zur Unterstützung in die Traumerzählung einbindet. In der Phase, wenn der Träumende seinen Traum vorträgt, übernimmt er/sie die aktive Rolle des Träumenden, und ist aus bestimmtem Abläufen ausgeschlossen (siehe auch Kapitel „Zeitlicher Ablauf"). Bringt der Teilnehmende bei dieser Sitzung keinen eigenen Traum ein, so unterstützt er/sie die Traumarbeit durch Zuhören, Assoziieren, Nachfragen und Analysieren. Dazu müssen die Verfahren und Regeln der Traumgruppenarbeit exakt eingehalten werden.

Rolle des Moderators der Traumgruppe

Dem Moderator oder der Moderatorin der Traumgruppe kommt die wichtige Rolle der Führung durch die Traumanalysesitzung zu. Das beginnt schon mit der Auswahl, welche Träume bei der aktuellen Sitzung behandelt werden sollen. Er oder sie legt die Anzahl und Reihenfolge der zu besprechenden Träume zu Beginn der Sitzung fest. Der Moderator bringt selbst keine Träume in die Analyse ein. Seine Hauptaufgabe besteht darin, die Gruppe so zu führen, dass die Regeln und Verfahren eingehalten werden und bei der abschließenden Traumanalyse entscheidende Impulse zu setzen und die Analyse zu einem abschließenden Punkt bringen. Der Abschluss der Traumanalyse setzt einen wichtigen Meilenstein: Von dieser Stelle an kann der Träumende für sich weitere Schlüsse aus seinem Traum und der erfolgten Analyse ziehen. Die Gruppe beginnt dann nach kurzer Pause mit der nächsten Traumbesprechung. Für die Rolle des Moderators sind folgende Kompetenzen erforderlich:

- Er/sie sollte keine eigenen Interessen zu verfolgen.
- Er/sie hat mehrjährige Erfahrungen im Umgang mit Träumen und Traumanalysen.
- Er/sie hat den Überblick über das Gruppengeschehen.
- Er/sie ist offen für jede Regung und jeden Beitrag während der Traumsitzung.

Das Können eines erfahrenen Traumgruppen-Moderators oder -Moderatorin trägt einen großen und entscheidenden Teil zum Gelingen der Traumanalyse in Traumgruppen bei.

Auswahl der Träume je Sitzung

Insgesamt stehen für eine Sitzung zwei Stunden zur Verfügung. In dieser Zeit lassen sich idealerweise drei Träume besprechen. Welche Träume besprochen werden, wird zu Beginn der Sitzung geklärt. So kann beispielsweise der Moderator ganz zu Beginn in die Runde fragen: „Wer will heute einen Traum besprechen?" Durch schnelles oder blitzschnelles Aufzeigen kann jeder Träumer jetzt einen Traum anmelden. Der Moderator schlägt nun aus den Anmeldungen vor, welcher Träumer vortragen kann und in welcher Reihenfolge. Zu dieser Auswahl wird abschließend ein Gruppenkonsens hergestellt! Nun stehen jedem Träumer für seinen Traum ca. 30 bis 45 Minuten zur Verfügung. Um jedem Teilnehmer die Möglichkeit zu geben mehrmals im Jahr Träume vorzutragen, wird hier zudem ein gewisser Ausgleich angestrebt.

5.3 Ablauf einer Traumsitzung

Für den Ablauf einer Traumsitzung mit ca. zweistündiger Dauer hat sich folgende Vorgehensweise in der Freiburger Traumgruppe bestens bewährt (siehe dazu Abbildung 1):

1. Begrüßung der Teilnehmer und Mitteilung, wer verhindert ist.
2. Abfrage, wer heute einen Traum einbringen will.
3. Auswahl der Träume und der Reihenfolge des Vortrages für die Besprechung in der aktuellen Sitzung.
4. Ungestörtes Vortragen eines Traumes durch den 1. Träumenden.
5. Assoziieren durch die teilnehmenden Träumenden und den Moderator.
6. Der 1. Träumende teilt mit, welche Resonanzen die Assoziationen bei ihr bei ihm hervorgerufen haben.
7. Die Gruppe hat nun die Möglichkeit, klärende Fragen zum Ablauf des Traumes zu stellen, die vom Träumenden beantwortet werden.
8. Der 1. Träumende legt sich fest, auf welchen Fokus und welche Krise sich die folgende Traumbesprechung möglichst konzentrieren soll.
9. Nun erfolgt die Traumbesprechung mittels Traum-Zugängen.
10. Abschließend zum Traum des 1. Träumenden erfolgt nun die Besprechung möglicher Einsichten, Entscheidungen und Veränderungsmöglichkeiten.
11. Pause!
12. Nun beginnt die Traumaufnahme der 2. Träumende in derselben Art und Weise.
13. Ungestörtes Vortragen eines Traumes durch den 2. Träumenden etc....

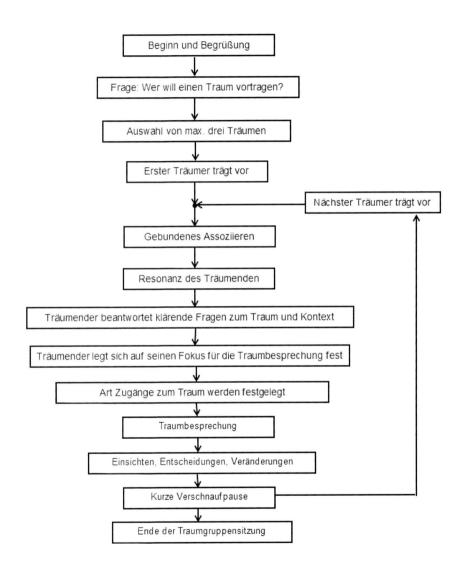

Abbildung 1: Zeitlicher Ablauf einer Traumgruppensitzung

Bei diesem Vergehen ist es wichtig folgende Verfahren und Regeln bei der Traumbesprechung im Rahmen von Traumgruppen-Sitzungen genau einzuhalten:

- <u>Das Gelingen einer erfolgreichen Traumbesprechung hängt unter anderem von der genauen Einhaltung der Regeln ab.</u> Wie im folgenden Absatz Ablauf einer Traumaufnahme im Einzelnen erläutert, gibt es immer wieder Phasen, in denen nur einzelne Akteure an der Reihe sind, und die anderen schweigen. Dieses Schweigen ist hier ganz wichtig, um das Assoziieren nicht zu stören. Hier ist der Moderator besonders gefragt.
- Ebenso ist es wichtig, <u>dass mit der Analyse erst begonnen wird, wenn der Moderator die Zugänge festgelegt hat!</u>
- <u>Beim Assoziieren ist es unabdingbar, dass jeder Beitrag gehört wird.</u> Das Gleiche gilt für die Analyse-Phase. Hier ist der Gruppencharakter der Traumbesprechung von entscheidender Bedeutung für die Lösung der Traumfragen.

Bei der Entwicklung der verschiedenen Traumanalysen der drei ausgewählten Träumenden einer Sitzung entwickelt sich oftmals eine eigene Psychodynamik der jeweiligen Traumgruppensitzung. Oftmals zeigt sich nämlich, dass die psychischen Energien bei dieser Sitzung sich so eingestellt haben, dass von verschiedenen Träumenden das gleiche Thema individuell zu behandeln ist. Dieses ist bereits ein Beleg für die Unabhängigkeit der Psyche. Manchmal sind es aber auch verschiedene Themen.

Im Folgenden werden die wichtigsten Phasen beim Ablauf einer Traumaufnahme, jeweils für jeden Traum, nochmals im Einzelnen erläutert.

5.3.1 Traumbeschreibung

Ist der Träumer oder die Träumerin mit seinem/ihrem Traum an der Reihe, trägt er/sie nun ungestört von Kommentaren der Teilnehmer und möglichst ohne eigene zusätzliche Erläuterung das Traumerlebnis vor. Wichtig dabei ist, dass die Gruppenteilnehmer den Traum möglichst im Original erfassen können. Dazu gehören folgende Details:
- Farbbeschreibung;
- Darstellung von Traumsequenzen;
- Mitteilung von realen Personen, die im Traum vorkommen;
- Genaue Angaben von Zahlen;
- Genaue Beschreibung des Traumendes;
- etc....

Möglich ist auch, dass ein Träumender ein Bild oder eine Zeichnung zur Illustration seines Traumerlebnisses vorlegt. Der Träumer oder die Träumerin versucht so zu sagen die Gruppenmitglieder mit auf die Traumreise zu nehmen.

Wichtiger Hinweis hierzu: <u>Diese Traumerzählung darf nicht durch Kommentare und andere Bemerkungen der Gruppenteilnehmer gestört oder unterbrochen werden!</u> Dies würde die Traumerzählung und Traumwahrnehmung empfindlich stören und Assoziationsketten, die bei den Zuhörern durch den Traum ausgelöst werden, unterbrechen.

5.3.2 Gebundenes Assoziieren

Nach Ablauf der Traumerzählung durch den Träumenden leitet der Moderator das gebundene Assoziieren ein. Alle Gruppenteilnehmer auch der Moderator, jedoch nicht der Träumende, der seinen Traum soeben vorgetragen hat, lassen jetzt ihren Assoziationen freien Lauf. Die Assoziationen sollen nun, wie das Wasser einer Quelle, in den Raum sprudeln, um weitere Assoziationen hervorzurufen und Futter für die spätere Traumanalyse zu liefern. Assoziiert werden hierzu beispielsweise Märcheninhalte, Liedertexte, Gedichte, Bräuche, Kulturtechniken, eigene Erlebnisse, Wortfetzen, Wortspiele, Bilder, Farben, etc...

Wichtig ist in dieser Phase, dass sich der Träumende, dessen Traum besprochen wird, auf die Assoziationen einlässt und prüft, welche dieser Anregungen bei ihm/ihr auf Resonanz stößt. Er kann sich hierzu auch während dieser Phase schon Notizen machen, um die Assoziationen später zu erinnern. Allerdings kann sich der Träumende selbst nicht an dieser Assoziationsphase beteiligen und ist in dieser Phase zum Schweigen verurteilt.

Auch Gefühle und Körperwahrnehmungen, die während der Traumerzählung und der Assoziationsphase im Raum sind, sind jetzt wichtig und werden vom Moderator abgefragt!

5.3.3 Resonanzen des Träumenden

Wenn die Assoziations-Quelle versiegt und keine Assoziationen mehr sprudeln, schließt der Moderator die Assoziationsphase ab! Nun ist der betroffene Träumende gefragt, die bei ihm/ihr durch das Assoziieren ausgelösten Impulse und Resonanzen vorzutragen und eventuell Ergänzungen aus dem Traumkontext zur Traumerzählung vorzunehmen. Hier müssen jetzt alle anderen Teilnehmer schweigen. Der Moderator schließt diese Phase ab, indem er den Träumenden frägt, welche Stelle im Traum beziehungsweise welche im Traum angesprochene Krise im Folgenden genauer betrachtet werden soll. Der Träumende legt sich hier fest.

5.3.4 Klärendes Nachfragen

Erst jetzt, in der dieser Phase, können die Traumgruppenmitglieder Nachfragen zur Klärung des Traumablaufs und einzelnen Trauminhalten an den Träumer stellen. Wichtig in dieser Phase ist jedoch: Der Moderator muss hier darauf achten, dass nur Klärungs-Nachfragen gestellt werden, und noch keine Interpretation von Trauminhalten erfolgen. Dieses findet erst in der nun folgenden Phase statt.

5.3.5 Traumbesprechung mittels Traum-Zugängen

Die Interpretation und Analyse des Traumes beginnt in der Phase der Traumbesprechung. Diese wird durch die Frage des Moderators eingeleitet: „Durch welches Tor wollen wir diesen Traum betrachten?" Durch diese Frage soll zunächst der analytische Zugang zum Traumgeschehen festgelegt werden. Wie im Kapitel 5 „Traumbearbeitung mittels Zugängen…" gezeigt wird, gibt es hier zahlreiche Möglichkeiten, die Analyse des jeweiligen Traumes anzugehen: Symbolstufig, subjektstufig, komplexstufig, etc…

<u>Nun werden in der Gruppe ein bis drei Zugänge festgelegt. Der in Sachen Zugänge versierte Moderator stößt die Analyse durch entsprechende Impulsfragen an!</u> Wie in Kapitel 5 gezeigt wird, kann je nach Art des Zugangs mit spezifischen Impulsfragen der Einstieg in die Traumanalyse gestaltet werden.

In dieser Phase sind <u>alle</u> Gruppenteilnehmer, auch der betroffene Träumende gefragt, Beiträge für die Interpretation des Traumes zu liefern. Oft tragen erneute Assoziationen und durch die Analyse angeregte Erinnerungen des betroffenen Träumenden zur Analyse des Traumgeschehens wesentlich bei. Jeder Beitrag zählt, jedes Gefühl und jede Körperwahrnehmung ist jetzt wichtig. Durch die zuvor festgelegten Traumzugänge gelingt es der Gruppe in der Regel, Knoten zu lösen und gewünschte Aha-Effekte beim Träumenden auszulösen.

5.3.6 Besprechung möglicher Einsichten, Entscheidungen und Veränderungsmöglichkeiten

Durch die ausführliche Traumbesprechung gelangt der Träumende in der Regel zu möglichen rationalen und emotionalen Einsichten mit Bezug zu seiner Lebenswelt. Dies bietet dem Träumenden die Möglichkeit Entscheidungen zu treffen und, falls gegeben, Verhaltensänderungen einzuleiten. <u>Letzteres kann auch im Nachgang zur Traumgruppensitzung vom Träumenden alleine weiter bearbeitet werden, ohne Hilfe der Traumgruppe. Der Abschluss einer Traumbesprechung erfolgt durch den Moderator in Abstimmung mit der Gruppe.</u>

6 Beispiele von Traumanalysen

In diesem Kapitel werden beispielhaft zwei Träume vorgestellt, wie sie in einer Traumgruppe besprochen wurden, einschließlich gebundener Assoziationsketten, Gefühlswahrnehmungen, den Traum Zugängen und Einsichten. Diese Vorgehensweise der Traumbesprechung lehnt sich dabei an die empfohlene Vorgehensweise an, wie sie in Kapitel 5.6 „Ablauf einer Traumbesprechung" vorgestellt wird.

6.1 Traumbeispiel mit biographischem Zugang zum Traum

Traumerinnerung

3. Traumbeispiel: „Die Geldanlage"

„Ich werde von einem früheren Bekannten angesprochen ob ich für ihn 12000 € anlegen könnte, da ich in meiner gesicherten Position entsprechende Möglichkeiten habe, Geld mit 10 % bis 12 % gut verzinst zu bekommen. Die Geldanlage diene zu seiner Altersversorgung. Ich zögere. Er zeigt mir die 12000 € in bar und ich wundere mich über das Vorgehen und überlege mir: Woher kommt das Geld? Welche Sicherheit hat er, wenn er mir das Geld gibt? Ich empfinde es als eine Zumutung!"

Kontextaufnahme und Traumbearbeitung

Die Exposition mit den handelnden Personen:

Der Träumer wird in ein Geldgeschäft einbezogen. Ein ihm Vertrauter will bei ihm Geld anlegen, obwohl der Träumer keine Bankier oder Bankangestellter ist.

Das Problem und seine Darstellung:

Das Problem ist, dass der Träumer nicht weiss, ob er das Geld annehmen soll und um was für Geld es sich handelt. Die Verdeutlichung der Summe in bar verstärkt die Präsenz der Geldanlage.

Die Krise:

Der Träumer muss sich entscheiden, ob er das ihm anvertraute Geld annehmen will und er sich auf die Geldanlage einlassen will.

Die Lysis:

Es bleibt am Ende offen, ob der Träumer sich auf den Deal einlässt. Es bleiben Zweifel bezüglich der Sicherheit.

Gebundene Assoziationen in der Gruppe:

Mistrauen erwacht; Schiebung; Geldwäsche; Wer kann wem vertrauen? Bestechung; Grenzenloses Vertrauen; Donald Trump; Dagobert Duck; Ende der 0 % Zins Politik; Durchblick; Goldenes Näschen; Verfänglich; Ich habe mehr Möglichkeiten! Ja die gesicherte Position! Geldbeutel; Utopische Zinsen; An einem Tag zum Millionär; Und wenn das schief geht? Geld stinkt nicht! Verführung zur Macht; Bankier; Dätsch mr ämol; Gefälligkeitsfalle;

Gefühlswahrnehmungen beim Zuhören und Assoziieren in der Gruppe:

Unsicher; Zumutung; Wut; Bauchzwicken; schlüpfrig; missbraucht werden; Die Füße wollen weg;

Resonanzen des Träumenden auf die Assoziationen und Fokus des Träumers:

Vor allem bei der Empfindung Zumutung gibt es beim Träumer Resonanzen. Auch empfindet der Träumer die Situation verfänglich. Der Träumer verbindet mit dem Bekannten keine reale Person. Er weiss nicht, ob er ihm trauen kann.

Für die folgende Traumbesprechung legt er den auf Fokus auf: Was soll das Geldgeschäft? Was will der Bekannte von mir mit seinem Geld? Ist das nicht eine Zumutung?

Traumbesprechung mittels biographischem Traum-Zugängen

Zunächst werden die Zahlenwerte in die Besprechung mit einbezogen: 12000 €; 12 %. Die 12 als Ganzheitssymbol: Das Jahr hat 12 Monate; Es gibt 12 olympische Gottheiten. Was geschah mit dem Träumer in Alter von 12 Jahren?

Geht es in diesem Traum darum Rechenschaft abzulegen über die Verwaltung seines Vermögens?

Will der Schatten des Träumers ihm Geld geben um etwas damit zu tun?

Soll die eher verdeckte Seite des Träumers, der Bankier, besser integriert werden?

Was symbolisiert Geld? Könnte das Geld für freie Energie stehen?

Der Aspekt Rechenschaft über ein Vermögen abzulegen wird im Folgenden vertieft: Könnte es sich hier um das biblische Gleichnis von der Vermehrung der anvertrauten Talente handeln? Das Gleichnis beschreibt einen Herrn, der seine Knechte mit finanziellen Mitteln ausstattet. Er begibt sich auf Reisen und rechnet nach seiner Rückkehr ab. Diejenigen Knechte, die mit dem überlassenen Vermögen einen Gewinn erwirtschaftet haben, werden belohnt. Dem Knecht, der aus Angst sein Geld vergraben hat und so aus dem Vermögen nichts erwirtschaftet hat, lässt der Herr das Geld wegnehmen und spricht „Wer hat, dem wird gegeben werden; wer nicht hat, dem wird genommen werden".

Dem Träumer kommt nun die Erinnerung an seine Kindheit, wo er als sparsamer Knabe immer sein Geld gespart hat und angelegt hat. Er erinnert sich, dass er ein Talent im Umgang mit Geld hat und dass er deshalb keine finanziellen Probleme hatte in seinem Leben. Der Bekannte im Traum könnte diese in letzter Zeit wenig gelebte Bankier-Seite des Träumers sein, die ihn auffordert, weitere Potentiale zu heben und sich nicht auf dem bisher erreichten auszuruhen.

Mögliche Einsichten, Entscheidungen und Veränderungsmöglichkeiten

Der Träumer prüft, welche Potentiale noch in ihm schlummern. Er ist angeregt nach wenig gelebten Seiten zu suchen und diese für sein Leben im Hier und Jetzt zu aktivieren.

6.2 Traumbeispiel mit subjektstufigem und symbolischem Zugang zum Traum

Traumerinnerung

4. Traumbeispiel: „Das Glückwunschschreiben"

„*Ich habe einen Entwurf gemacht für ein Glückwunschschreiben an eine hochgestellte diplomatische Persönlichkeit. Mit diesem Entwurf setze ich mich an die Vorderseite eines großen Schreibtisches. Auf der anderen Seite sitzt Papst Franziskus. Links neben mir sitzt der ehemalige Papst Benedikt. Er nimmt mich zunächst nicht wahr. Doch ich grüße ihn mit einem freundlichen <Grüß Gott!>, welches dieser lächelnd erwidert. Ich überreiche Papst Franziskus den Entwurf. Gleichzeitig überreiche ich einen auf seinem Blütenpapier gedruckten graphischen Entwurf eines vorhergehenden Glückwunschschreibens an eine ähnlich hohe Persönlichkeit. Ich frage, ob wir dieses als Grundlage für dieses Glückwunschschreiben benutzen können und ob der Textentwurf in Ordnung sei. Papst Franziskus überfliegt beides und ist mit den Vorschlägen einverstanden.*"

Kontextaufnahme und Traumbearbeitung

Träumer hatte kürzlich Geburtstag.

<u>Die Exposition mit den handelnden Personen:</u>

Der Träumer liefert einen Entwurf eines Schreibens für den Papst. Er will sich sein Einverständnis holen.

<u>Das Problem und seine Darstellung:</u>

Er gibt zwei Päpste.

<u>Die Krise:</u>

Wird der Entwurf des Träumers anerkannt?

<u>Die Lysis:</u>

Der Papst ist mit dem Entwurf einverstanden.

Assoziationen in der Gruppe:

Konzil zu Konstanz; Heiliges Jahr; glückliche Botschaft; Imperia; von Angesicht zu Angesicht; Vereinigung der Gegensätze; Versöhnung; Diener zweier Herren;

es allen recht machen wollen; Mr. Trump beim Papst; zu rühmen euren Ruhm; heilig, heilig, heilig; Botschaften auf hoher Ebene; Ehre wem Ehre gebührt; Tannhäuser; Habemus Papam; du sollst keine falschen Götter neben dir haben; Diplomat auf glattem Parkett; der lachende Papst; Kardinal-Staatssekretär; ich bin ein Diener Gottes; der Papst fährt auch nur Fiat; auch hier wird nur mit Wasser gekocht; Mr. Trump zum Papst: <Kann ich den Chef sprechen?>;

Gefühlswahrnehmungen beim Zuhören und Assoziieren in der Gruppe:

Beengend; unentspannt; beklemmend;

Resonanzen des Träumenden auf die Assoziationen:

Es war für ihn nichts Zündendes dabei;

Nachfragen aus der Gruppe und Fokus des Träumers:

Frage: Wo spielt das Ganze? Antwort: Raum, Stühle in Reihe; aufgeräumter Schreibtisch. Träumer ist als eine Art Referent tätig.

Gewünschter Fokus des Träumers bei der Traumbesprechung: Was soll das? Handelt es sich um eine religiöse Situation? Wird eine berufliche Situation angesprochen?

Traumbesprechung mittels subjektstufigen, symbolischen-Zugängen

Subjektstufig werden in der Traumkonstellation Komplexe angesprochen: Der Autoritätskomplex und der Vaterkomplex;

Symbolische Deutung: Zwei Päpste stehen für eine Doppelspitze des Autoritätskomplexes, aber auch für Verstärkung oder Flexibilisierung des Autoritätskomplexes. Papst Benedikt steht für: Aristokratisches, unnahbares Verhalten.

Lysis: Die Leistung des Träumers wird akzeptiert. Das Glück-wunschschreiben geht an das Geburtstagskind, an den Träumer selbst.

Mögliche Einsichten, Entscheidungen und Veränderungsmöglichkeiten

Der Träumer soll sich selbst ernst nehmen und achten. Sein Handeln wird vom Papst als richtig anerkannt. Der Papst ist unfehlbar!

Heilung: Der Träumer soll bereit sein, einen Entwurf für die Selbstachtung zu liefern. Auch Gestaltung muss getan sein. Die alte Autorität, hier vertreten durch Papst Benedikt, wird respektiert aber auch zurückgewiesen.

7 Zusammenfassung und Anregungen zur Initiierung von Traumgruppen

Wer nicht auf seine Träume achtet, vernachlässigt nicht nur wesentliche Teile seiner Persönlichkeit in Vergangenheit, Gegenwart und Zukunft, sondern auch wesentliche Einsichten sowie zusätzliche Kraftquellen. Traumgruppen bieten den Vorteil der erweiterten Sicht und Ergänzung des eigenen oftmals engen Horizontes durch das gemeinsame Arbeiten am Traum. Sie stärken die Kreativität und können Einsichten, ja sogar Verhaltensänderungen bewirken.

Die Einbindung von Traumerinnerungen und Arbeit an den Träumen kann mit der vorgestellten Methode dazu beitragen, Impulse, die das Unbewusste über das Traumgeschehen an das Ich-Bewusstsein der Träumenden sendet, in das Alltagsgeschehen einzubinden und so eine Verbindungen mit den unterschiedlichen Ebenen einer Persönlichkeit zu halten. Die derartig aktiven Träumer werden feststellen, wie sich ihre Träume im Laufe der Zeit mit ihnen zusammen entwickeln und verändern. Sie werden so zu wohlgesinnten Lebensbegleitern.

Die Autoren würde es freuen, wenn mit diesem Büchlein Träumende angeregt werden dem Freiburger Beispiel zu folgen und eine Traumgruppe zu gründen. Die hier vorgestellte Methode der Traumbearbeitung in Gruppen bietet jedenfalls hierfür beste Voraussetzungen. Die Träumenden mit Ihren signifikanten Träumen - angeleitet durch einen fähigen Moderator - tun dann ihren Teil dazu

Literarturverzeichnis:

/1/ Von Franz, Marie-Louise: „Träume", Daimon Verlag, Einsiedeln,

Weitere Literaturhinweise zum Thema Traumbearbeitung

Jung, Carl, Gustav: „Allgemeinde Gesichtspunkte zur Psychologie des Traumes," und „Vom Wesen der Träume", Gesammelte Werke Band 8, Walter Verlag, Olten und Freiburg

Stevens ,Anthony: „Vom Traum und vom Träumen", Kindler Verlag München,